吴思科

中国政府中东问题特使讲述：

"丝路"外交见闻

中国文史出版社

目 录

中國故事

第一章

对中东外交：
新纪元 新思路 新政策

中东：大国博弈和文明激荡的神秘热土

　　历史地看，中东一般指欧洲以东，介于远东和近东之间的地区。从严格意义上来说，中东并不是一个纯粹的地理概念，而是近代以来"欧洲中心论"这一世界话语权的真实体现。从地域上划分，目前对中东究竟包括哪些国家和地区尚无统一定论，大致泛指西亚、北非地区，包括伊朗、伊拉克、土耳其、叙利亚、埃及、摩洛哥，以及其他阿拉伯国家。2004 年，美国启动"大中东民主改造计划"，将阿富汗也纳入中东地区。

　　历史上的中东，既是大国展示实力之地，也是大国消耗实力之坟。波斯帝国、马其顿帝国、罗马帝国等都曾在此留下厉兵秣马、盛极一时的遗迹，但许多帝国也纷纷在此由鼎盛而走向衰弱。历史上，中东还是各种文明往来交汇之地，极易碰撞出文化火花。由两河流域和尼罗河文明与沙漠部落文化交融衍生出的多宗教、多民族、多文化，加之各种势力盘根错节，导致冲突和战乱延绵不断。

　　我自 1971 年起从事外交工作以来，就和中东这

吴思科大使莅临"纵横讲堂"，主讲"丝路友谊 更看今朝——我所亲历的中东外交"

片神秘的热土结下了不解之缘，至今已经为中东外交奔波了40多个年头，深切体会到中东问题之复杂，这在犹太教、基督教、伊斯兰教三种宗教的关系方面体现得尤为明显。1999年4月我还在外交部亚非司担任司长时，曾应国家主席江泽民的要求，向他介绍过"三种宗教在中东地区的产生及其关系"等问题。当时，我从宗教的传承（纵坐标）和三大洲接合部特殊地缘关系（横坐标）的角度，简要地谈了我所了解的情况和个人对此的理解。

就宗教传承而言，中东是犹太教、基督教、伊

耶路撒冷

斯兰教共同的发祥地。三教都以亚伯拉罕（伊斯兰
教称易卜拉欣）为共同先祖，奉《旧约》为早期经
典，尊耶路撒冷为圣地。从这个意义上而言，这三
种宗教确实缘起一处，一脉相承。从时间先后来看，
3000多年前，犹太教在吸收了两河流域古巴比伦文
明和尼罗河流域古埃及文明的基础上，率先出现于
此。此后经过1000多年，由于犹太教上层的僵化和
专制，从犹太教底层系统中相继分化出基督教及其
圣典《新约》，并经由罗马帝国向欧洲乃至世界各地
广泛传播。此后又经过600多年，伊斯兰教创始人
穆罕默德洞察到历经数百年部落间战乱的阿拉伯半
岛已经处于社会转型的前夜，思想上急需以新换旧，

于是吸收犹太教、基督教的精髓并结合阿拉伯半岛的传统文化，打破血缘关系创建伊斯兰教；以《古兰经》为圣典，统一了阿拉伯半岛，并创立阿拉伯帝国。因此，三种宗教在经典启示和先知代言上依次承接、有因有革、有同有异、相续出新。

就地域特点而言，中东地处亚非欧大陆的交汇处，地缘战略位置十分重要。历史上许多王国强盛之后，往往都会选择到中东这个中心地带展示实力，以图实现帝国伟业。例如世界历史上第一个帝国——埃及第十八王朝法老们的势力范围，曾南达埃塞俄比亚，北到巴勒斯坦、叙利亚，第一次将西亚、北非诸文明紧密地联系在一起。此后，波斯帝国、马其顿王国、罗马帝国等也相继来到这里，兴衰交替。于是，中东成为东西南北各方思想、文化、力量碰撞、激荡的一片热土，在这里不断产生文化火花，对这里的文化发展也起到了非常大的作用。所以从古至今，中东往往成为热点地区，其中既有地缘战略的重要意义和大国实力的博弈，又有不同文化间的较量和竞争。

万隆会议：中国开启对中东外交历史新纪元

　　中国和中东地区的渊源可以追溯到很久以前，中东也是中国最早向外开放的地区。早在 2000 多年前，汉使张骞两次出使西域，打通了中国到西亚、伊朗和其他阿拉伯国家的广大地区，成功地掀开了东西方之间的珠帘，为"丝绸之路"的开辟做出了卓越贡献，开启了中外交流的新纪元。此后，"丝绸之路"不仅成为中国联系东西方的"国道"，也成为整个古代中外经济及文化交流的国际通道，大量中国的物质文明和精神文明成果经此而传播至中东乃至世界各地。"丝绸之路"的打通，成就了中国早期的开放，对中国历史上社会、经济和文化的发展起到了重要的促进作用。

　　近代以来，随着西方国家将中东国家和地区变成自己的殖民地和半殖民地，加之中国自身国力的衰微，我国和中东各国的交往也落入低谷。这种情况一直到新中国成立以后才有了根本改观。新中国成立之初，由于遭到以美国为首的西方敌对势力的重重封锁

1955 年 4 月，周恩来总理出席万隆会议，受到热烈欢迎

与打压，新生的人民共和国面临被扼杀在摇篮之中的巨大风险。在这种情况下，中国只有在对外交往中打破西方封锁，方能在国际上站得住脚，方能使中华民族屹立于世界民族之林。当时，除了苏联、东欧等社会主义国家，亚洲、非洲就成为中国打破封锁，实现"走出去"战略的重要区域，中东地区则更是成为我们实现这一目标的重要战略依托。

随着 1955 年第一次亚非会议（"万隆会议"）的召开，中国同中东国家地区的关系开启了一个新的篇章。在万隆会议上，时任中国政府总理周恩来同当时的埃及总统纳赛尔，沙特阿拉伯王储、外交大臣费萨尔亲王（1964 年至 1975 年任沙特阿拉伯王国

周恩来在万隆会议上发表讲话，阐明"和平共处五项原则"和"求同存异"等中国政府处理与世界各国关系的基本立场，获得与会各国广泛瞩目和赞誉

第三任国王）等会晤长谈，这两位都是当时中东地区的风云人物。在会见中，周恩来总理一方面向他们全面介绍了新中国的情况；另一方面，也从他们那里更多地了解了中东的情况。由此，中国同中东地区国家的关系稳步发展，往来逐渐增加，相互了解也不断加深，奠定了彼此发展友好关系的基础。

1956 年，中国和埃及建交，开启了同中东国家建交的历史，埃及也成为非洲和阿拉伯世界中第一个同中国建交的国家。紧接着，也门（王国）、叙利亚、摩洛哥等国也陆续同中国建交。

随着中国在这一地区迈出了"走出去"的重要

在万隆会议上，中国总理周恩来成为各国竞相关注的"明星人物"

一步，我们得以打开了外交局面，外交空间也得到大大扩展，在国际上的处境也有了极大的改善。当时，中东的这些友好国家在中国关心的问题上给予我们以很大的支持，我们对于他们的合理诉求也表示了极大的理解、重视和支持。

2014年3月初，我赴印度尼西亚首都雅加达参加一个国际会议，其间专门去参观了"万隆会议"旧址，现在已成为"亚非会议纪念博物馆"。抚今追昔，当看到历史照片和纪录影片中周总理的风采和中国代表团参加会议的座位时，我这个老外交工作者的激动心情油然而生，不禁默默自语："万隆会议开启了一个新纪元，新世纪仍然需要弘扬万隆精神。"

改革开放：新时代　新思路　新中东外交政策

　　20世纪70年代初我刚加入外交队伍时，我们对国际形势的判断是战争不可避免，"燕子低飞""山雨欲来风满楼"等也成为当时关于国际形势最形象的比喻。与此相对应，我国的政策是深挖洞、广积粮、备战备荒为人民，做好随时打仗的准备。

　　1978年开始的改革开放是一场巨大的历史变革，

叶剑英、邓小平、李先念（左起）等在十一届三中全会主席台上

1979 年，邓小平站在为中国改革开放创造和平稳定国际环境的战略高度首次访美，这是邓小平访美期间受邀进行科技参观等活动

　　这种变革是从解放思想开始的。思想的解放带来观念的转变，带来对国内国际形势新的判断，从而带来国内外政策的重大调整。

　　当时，邓小平同志在对国际各种力量对比进行了深入分析的基础上，做出"世界和平力量的增长超过战争力量的增长，因此在较长的时间内不会发生大规模战争是很有可能的"这一重要结论，进而提出"和平与发展"是当今时代的两大主题。因此，在中国的外交方针政策上，也改变了过去"一条线"的战略，进一步强调了独立自主的和平外交方针，同时在国际场合申明立场：中国同各国发展关系不受意识形态影响，愿在平等互利的基础上同世界上所有国家建立与发展友好合作关系。

外交政策的重大调整为我国外交工作的历史翻开了崭新的一页，为我国实施以经济建设为中心的战略方针创造了较好的国际和平环境。这种调整和转变也使我对所从事的外交工作有了更深刻的理解。

冷战结束后，和平与发展成为世界主题，中东在为我国创造和平有利发展环境方面地位重要，对中东政策的重大调整则为我国赢得了更多的外交主动权和发展机遇。

第二章

建交篇

中以建交——跨越 40 多年的握手

中华民族和犹太民族代表了世界上两大古老文明，彼此的接触始于古代犹太人流散进入中国之时，至今已有逾千年的友好交往史。在中华大地的历史长河中，中国人和犹太人友好相处，在世界反法西

"二战"期间，大批从纳粹屠刀下逃生的欧洲犹太人远涉重洋来到上海，上海成了犹太难民的"诺亚方舟"。在这里，他们重新享受到了久违的安宁生活

上海犹太人纪念馆内景。1993 年，时任以色列总理拉宾参观纪念馆后留言：第二次世界大战时上海人民卓越无比的人道主义壮举，拯救了千万犹太人民，我谨以以色列政府的名义表示感谢

斯斗争中更是互施援手，谱写了中犹两个民族友谊的光辉历史篇章。

1950 年 1 月 9 日，在新中国成立仅仅百日之际，以色列即宣布承认中华人民共和国并主动提出愿意同我国建交，成为中东地区第一个承认新中国的国家。接到以色列政府宣布承认新中国的来电后，我国也曾考虑就建交问题与以色列进行接触。然而因为当时的国际形势，直到 40 多年后，中以建交才得以真正实现。

当时乃至相当长一段时间内，阿拉伯国家与以色列在中东地区长期处于敌对状态，其中巴勒斯坦问题成为斗争的焦点。新中国成立后不久，阿拉伯世界在与我国的交往过程中，特别强调以色列对巴勒斯坦领土的占领，强调巴勒斯坦问题是他们的核心关切。对此，中国也认同阿拉伯国家的斗争属于世界民族解放运动的一个重要组成部分，是一个大是大非的问题。因此，在新中国成立后的相当长一段时间里，我国对中东问题的立场是坚定支持巴勒斯坦和阿拉伯人民的正义事业；加之美国的干扰，不与以色列建立外交关系作为我国的一条外交政策持续多年。

改革开放以后，特别是进入 20 世纪 80 年代以来，随着中东形势趋于缓和、中美关系正常化等重大变化，我国在维护发展同该地区"老朋友"关系的同时，也适时松动与以色列的关系，寻找机会实现外交关系的突破口。与此同时，以色列也在多个国际场合向中国表达了希望建交的急切心情，这些都为中以关系正常化提供了难得的机遇。因此，发展中以关系便逐步提上议事日程。

以色列的农业科技水平十分发达，其中许多经验技术都是当时中国所十分紧缺和急需的。为了吸取以色列在农业科技方面的先进经验技术，同时又避免与阿拉伯国家发生误解，我们最初采用由国内企业、院校通过"联合国开发计划署"同以色列开展技术合作的方式进行。

随后，中以两国外交官在联合国等多边场合开始接触，就建立正常关系进行探讨，并建立了具有半官方性质的各自驻对方的办事处。1989 年秋，时任以色列外长的摩西·阿伦斯在联合国大会期间同中国外长钱其琛举行会晤，决定两国之间互设非政

中国农业企业在以色列考察学习灌溉技术和设备

府机构，即以色列在中国首都北京设立科学和人文科学院联络处，中国在以色列首都特拉维夫设立中国国际旅行社办事处。当时，中方驻以办事处主任由外交部的一名参赞级官员担任，我则作为外交部西亚北非司的主管处长，直接参与了办事处的筹办。在此期间，我和同事们以改革开放思想为指导，共同为如何开展好办事处的工作提出了工作建议。应当说，两个办事处的设立为中以双方的联系建立起便捷的渠道，从此，两国之间在科学、文化、旅游、教育等方面的交流迅速升温，这些都为日后中以建交打下了良好的基础。

在双方前期工作的共同努力和铺垫下，1991 年10 月，当中东各方在西班牙马德里召开和平会议后，我们随即水到渠成地完成了同以色列建立外交关系的历史任务。1991年12月，我作为中国政府代表团的成员，参加了赴以色列谈判建交的"破冰之旅"，这也是我第一次踏上以色列这片古老而又神秘的土地。一个月之后，中以两国于1992年1月24日正式建立大使级外交关系。在这次跨越40年的握手中，中国不仅填补了同以色列的外交空白，也由此同中东地区所有国家都建立起外交关系，终于实现了在这一地区的全方位外交，使我国在多边外交中处于更加主动灵活的地位，这在一度非常活跃的中东和谈中体现得非常明显。在中东和谈活动中，我本人曾多次作为中国代表团成员或团长，参加各种国际

2014年，中国中东问题特使吴思科（右二）会见以色列外交部总司长谢瑞特（左二），中国驻以色列大使高燕平（右一）参加会见

2002 年，中国邮政发行的中国—以色列国建交 10 周年纪念封

会议和工作小组会议。由于中国的独特地位，中国的参与受到与会各方欢迎；中国既坚持原则立场，又积极促和的独特作用也为各方重视。可以说，中方的立场和做法既生动地展现了我国的和平外交政策，也扩大了我国的国际影响力。

　　建交 22 年来，中以两国在经济、科技等方面的合作硕果累累，人文交流发展迅速。2014 年 4 月，习近平主席同来访的以色列总统佩雷斯举行会谈，双方一致表示要进一步深化中以友谊和合作。可以说，中国和以色列这两个古老文明国家的关系，正在新时期呈现出一派"国之交"而"民相亲"的生气勃勃的景象。

从长城到金字塔——回眸中埃建交 60 年

　　谈及中埃友谊的源远流长和历久弥坚，人们总会用长城与金字塔作比喻。中埃两国 2000 多年的历史积淀、共同际遇和奋斗目标，让中埃人民成为同舟共济的好朋友、好兄弟。埃及是第一个同中国建交的非洲和阿拉伯国家。建交 60 年来，中埃关系经受了各种风云变幻的考验，两国关系一直平稳发展，保持着良好的互利合作，堪称中国与发展中国家友好合作的典范。中埃间的那些友好交往，也成为两国人民记忆中的佳话。

　　我曾三次受命赴埃及工作，先后担任翻译、公使衔参赞和特命全权大使，在尼罗河畔度过了 13 个春秋。虽然离开那里已经多年，但金字塔的巍巍雄姿、尼罗河的旖旎风光、椰子树的婆娑风姿仍常常浮现脑际。值此中国与埃及建交 60 周年之际，往昔的回忆如片片散落的叶片又串联在一起，美好而又温馨，久久难以忘怀。

万隆会议上，周恩来与纳赛尔彻夜长谈

新中国成立初期，遭到来自西方的重重封锁，中国和包括阿拉伯、非洲在内的外部世界互不了解，彼此陌生。1955 年 4 月，万隆会议的召开给了中国和世界一个相互了解的难得机遇。

在万隆会议上，周恩来总理与埃及总统纳赛尔一见如故。当时，纳赛尔在阿拉伯世界非常有影响，称得上是"一代天骄"式的传奇人物。见面后，纳赛尔被周恩来的风采所折服。两人彻夜长谈，互通各自国内情况，共商亚非团结，以推动亚非民族解放事业向前发展。

在当时的世界范围内，一方面，民族解放运动是一个大趋势，中国坚定支持亚非拉民族解放运动；另一方面，埃及则高举民族主义的大旗，纳赛尔被称为阿拉伯世界的民族主义旗手。所以双方在这件事上能够找到很多的共同点，很容易契合，这是中埃建交一个很重要的背景，万隆会议则把双方这些共同点紧密地连接在了一起。

万隆会议上，中埃双方达成了从经贸、文化等方面入手增进相互交流的共识，从而拉开了中国同埃及友好交往的序幕。会后，中方邀请埃及宗教部部长到中国访问，同时派中国伊斯兰教协会主席包

尔汉等有影响的人物赴埃及进行宗教文化交流。经贸方面，中国在埃及首都开罗建立了具有半官方性质的商务代表处，代表处主任来自当时的外贸部，副主任由外交部的张越同志担任，中埃建交之后他出任首任驻开罗公使。此外，周总理还专门指示挑选一些学生到埃及首都开罗学习阿拉伯语和阿拉伯文化，也派出教师去那里教阿拉伯学生汉语。这些都为中埃顺利建交做了重要的铺垫。

就这样，不过一年多时间，埃及就于1956年5月16日宣布承认中华人民共和国，5月30日，两国正式建交。从战略上来讲，中埃建交的意义已经超越了两国双边关系的范畴。中埃建交后，叙利亚、也门紧接着于当年同中国建交，随后苏丹等国也都相继同中国建交，从而打开了中国对阿拉伯世界和非洲国家的外交局面。可以说，当时埃及成为中国对阿拉伯世界和非洲国家进行各方面联系，包括支持非洲民族解放运动在内的一个大本营。因此，中埃建交对于我们打破封锁，建立同一大片国家的关系，是有代表性意义的。

1956 年 5 月 30 日，中国和埃及建交。9 月 17 日，中国国家主席毛泽东接受埃及共和国首任驻华大使哈桑·拉加卜递交国书

进口"埃及棉"

中埃建交揭开了中埃和中阿关系新篇章。此后数十年,在波澜壮阔的亚非国家和人民反帝反殖的民族解放运动中,中埃两国相互同情和支持;在维护国家主权和独立、推动建立公正合理的国际新秩序的斗争中,双方密切配合;在发展民族经济、建设国家的事业中,双方真诚合作。

相互尊重是中埃友谊长期发展的基础。这一点体现在外交政策上,就是和平共处五项原则里的"不干涉内政",双方对这一条非常有共鸣。中埃两国都曾经长期被侵略,民族尊严感很强,对西方颐指气使、居高临下的那一套非常反感。在相互尊重的基础上,中埃两国建交后在政治、经济等双方共同关切的重大关键问题上都相互支持。

1956年10月,苏伊士运河战争爆发,中国坚定支持埃及维护苏伊士运河主权的英勇斗争。在北京,50万首都各界民众在天安门广场声援埃及人民;与此同时,中国政府还向埃及政府提供了2000万瑞士法郎现汇援助。除了直接援助,我们还通过贸易的方式帮助埃及。当时因为战争,埃及受到英国等西方国家的制裁,棉花无法出口,造成大量积压,是中国及时向埃及伸出援手,进口了大批"埃及棉"。在

沉没的船只。1956 年，苏伊士运河战争期间

埃及，至今人们还常常提起一段往事：当年周恩来总理在接见埃及代表团时曾说，中国每个人都把裤脚放长一寸，就可以帮助埃及把积存的棉花都消费掉。

众所周知，在奠定中埃友谊的过程中，周恩来的外交风采和魅力在其中发挥了独特而重要的作用。1963 年底，周恩来总理率中国政府代表团出访亚非欧 14 国的外交壮举，正是从埃及开始的。在埃及访问期间，周恩来亲自为攀登金字塔的埃及运动员号脉并赠送中国产钢笔，这段佳话被埃及人民传颂至今。我还记得当年在埃及工作期间，埃及外长盖特（他已经于 2016 年 7 月 1 日起担任阿拉伯国家联盟〔阿盟〕秘书长）曾对我谈起一段亲眼目睹周恩来总理风采的往事。他说："周总理访问埃及那年，我还是个中学生，在路边欢迎他的到来，敞篷车开过来

1963 年 12 月至 1964 年 2 月，周恩来总理在陈毅副总理等陪同下，率中国政府代表团首次对埃及等亚非欧 14 国进行友好访问。这是周恩来抵达埃及时检阅埃军仪仗队

的时候，我有幸近距离看到了周总理。可以说，周总理的那次访问影响了我们整整一代人。"

充分理解"埃以和谈"

1973 年底，我第一次踏上了埃及这个古老的国度，任中国驻埃及大使馆翻译。当时埃及总统是萨

周恩来访问埃及期间受到热烈欢迎

1963 年，周恩来总理在访问埃及期间与纳赛尔总统亲切交谈

达特。记得刚到使馆工作不久，我就前往苏伊士运河实地了解情况。当时十月战争的硝烟还未散尽，战场尚未收拾干净，运河区满目疮痍，强渡运河后留下的皮筏子散落各处，狼藉一片的战场遗迹让我真实感受到战争的残酷，至今历历在目。

这次我在使馆一待就是六年多，亲历了埃及由战争状态到与以色列达成和平协议的历史性转折。十月战争中，我们坚定地支持埃及维护领土完整和民族尊严；战后，我们又对埃及主动与以色列和解以实现和平的做法表示了充分的理解和体谅。

十月战争结束后，萨达特意识到通过战争无法赢得和平，因此做出了一个重大战略抉择，希望以

1973 年，十月战争中轰鸣的炮声

埃及前总统萨达特

和谈的形式来推动中东和平进程。1977 年 11 月，萨达特应以色列总理贝京的邀请访问了以色列，目的是与以色列实现关系正常化，同时收回被以色列占领的西奈半岛埃及领土。访以期间，为表示对和谈的诚意，萨达特还专门造访了耶路撒冷。

　　萨达特访以，尤其还访问了耶路撒冷这块落在以色列手中的阿拉伯"圣地"，这在阿拉伯世界引起轩然大波。许多人认为萨达特单方面与以色列和谈背叛了巴勒斯坦民族解放运动，背叛了阿拉伯世界。一时间，除了苏丹、阿曼和吉布提三个国家外，其他阿拉伯世界的国家都跟埃及断交了，阿盟总部也从开罗搬到了突尼斯。可以说，那个时候埃及在阿

1978 年，埃及总统萨达特签署《戴维营协议》后与以色列总理贝京合影

拉伯世界处于非常孤立的境地。

在那种情势下，中国对萨达特和埃及的举动表示了理解和支持，并表态称这是一个果敢的行动。同时我们还对其他中东国家做工作，希望他们对埃及的处境和行动也给予理解。正因为如此，在当年那样特殊微妙的情况下，我们跟埃及的关系没有受阿拉伯世界变动的影响。

疾风知劲草　患难见真情

为推动中东和平进程，萨达特付出了生命的代价。1981 年 11 月，萨达特不幸遇刺，这一令人痛心的事件就发生在他即将来中国访问前夕。

副总统穆巴拉克继任总统后，不负萨达特视他为"接班人"的厚望，继续并发展了埃及对中国的友好关系。穆巴拉克任副总统的时候曾两次访华，对于中埃传统友谊有着切身体会。他继任总统后，无论是在中国台湾问题，或是世界人权问题上，一直对中国表示理解和支持。

1981 年，萨达特遇害现场

穆巴拉克继任总统之时，正值中国步入全面改革开放时代。在新的历史时期里，中埃两国互相支持，友好关系进一步发展，合作内容也不断深化，成为中国与发展中国家友好合作关系的典范。对于这一点，就我本人的一些亲身经历而言，的确深有感触，难以忘怀。

1989 年春夏之交北京发生政治风波后，以美国为首的西方国家对中国实行封锁制裁。一时间，我国在外交上也面临巨大的压力，在国际上的处境极其困难，用时任外长钱其琛的话说就是"黑云压城"。

形势如此困难，如何争取并充分发挥友好国家的作用，打破封锁、打开局面，成为外交工作的头等大事之一。当时，我任外交部亚非司一处处长，负责埃及、以色列、巴勒斯坦等中东地区国家的工作。对于如何尽快打开中东地区外交局面，我和同志们天天在一起开动脑筋想办法。经过认真研究后我们认为，第一个能够走出去打开外交局面的国家就是埃及，于是大胆提出建议：中国外长应该主动到中东地区去访问。

建议很快得到认可。1989 年 9 月，中国外长钱其琛率先出访埃及、约旦、叙利亚、突尼斯四个友好国家并以埃及作为首站，我也随同钱外长参加了这次重要出访。

当时，出访的一项重要任务就是对外澄清"六四"事件的原因、始末和我国政府所采取措施的必要性，以寻求国际上的理解和支持。对此，埃及总统穆巴拉克在接见钱其琛外长时说："中国为了维护自己的主权、稳定所采取的措施，我们完全理解。"同时他还强调了两国之间良好的朋友关系。接着，穆巴拉克总统又对钱外长说："请转达我对中国共产党总书记、国家主席、国务院总理的问候和访问埃及的邀请，不管哪位到埃及来访问，我随时都欢迎！"接见完毕，钱其琛外长刚刚走出总统府大门，围在现场的一大批各国记者顿时一拥而上。面对记者，钱外长讲的第一句话就是："穆巴拉克总统邀请中国国家主席杨尚昆尽快访问埃及。"所谓"患难见真情"，尽管时隔 20 多年，我对这句话仍然记忆犹新。

随后，我们又访问了约旦、叙利亚并于 9 月 25 日抵达突尼斯。突尼斯是当时"巴勒斯坦解放组织"总部所在地，在那里我们见到了阿拉法特。当时，阿拉法特正在非洲访问，专程赶回突尼斯会见钱其琛外长，会见后又马上要登机离开。记得当时阿拉法特对钱外长说："中国朋友来了，我尽管在外面访问，也一定要回来见面！"那次会见双方谈得非常愉快，钱外长重申了我国对巴勒斯坦问题的立场，

1989 年 12 月，中国国家主席杨尚昆访问埃及，埃及总统穆巴拉克在总统府举行盛大国宴欢迎杨尚昆主席

也赢得了阿拉伯友好国家对中国的理解。

继钱外长成功访问中东四国后不久，1989 年 12 月，国家主席杨尚昆应埃及、阿联酋、科威特和阿曼四国元首邀请，对这几个国家进行了友好访问，第一站选择的依然是埃及。这是自政治风波发生以来，我国家主席首次出访，在国际上引起强烈反响，对打破美国等西方国家的封锁制裁起到重要作用。在杨尚昆主席访问期间，东道国领导人都对我国政府维护国家主权和社会稳定的政策再次表示了理解和支持。

此后不久，1990 年春，穆巴拉克受杨尚昆主席的邀请第四次访华，也成为政治风波之后最早访华

1983 年 4 月，邓小平会见埃及总统穆巴拉克

的外国元首之一。穆巴拉克总统那次访问期间给我留下最深刻印象的是他与邓小平同志的会见。当时邓小平同志已经辞去中央军委主席职务，很少安排外事活动。小平同志一走进人民大会堂会见厅就说："别人可以不见，老朋友来了，我不能不见。"穆巴拉克作为埃及副总统和总统时曾数度访华，小平同志同他很早就有过亲切接触和交谈，两人已有多年的友谊。

5 月 13 日，邓小平同志在人民大会堂以老朋友的身份再次会见了穆巴拉克总统。谈到当前局势时，小平同志说："西方总有些人希望中国乱，以为这样对他们有好处，实际上中国乱了对他们是不会有什么好处的。我们经历过中国乱的时候，那是军阀混战、血流成河。一旦出现这种情况，哪怕只有百分之一甚至千分之一的中国人外逃，哪个国家能承受得了？所以，中国不能乱，中国乱了对谁都没有好处！"小平同志接着说："我知道你同布什总统是老朋友，我希望你向他传个话，就说大洋彼岸有一位老人一直在关心着中国和美国的关系。不管中美两国关系如何，我都把他当作朋友。"穆巴拉克总统认真

1990 年 5 月 11 日，中国国家主席杨尚昆在北京人民大会堂东门外广场主持仪式，欢迎埃及总统穆巴拉克访问中国

1990 年 5 月，邓小平以老朋友身份在北京会见来访的阿拉伯埃及共和国总统穆罕默德·胡斯尼·穆巴拉克

听完后连声表示："一定转达，一定转达。"这次谈话在国内外产生了巨大反响。

在那个非常的历史时期，我有幸先后参加了钱其琛外长、杨尚昆主席对中东国家的两次出访，以及邓小平同志与穆巴拉克总统的那次历史性会晤，对于"疾风知劲草，患难见真情"这句话有了更深

的体会，对外交工作如何为国家的稳定和发展服务
也有了更加深刻的理解。

"战略合作关系"：新世纪，新高度

1999 年 4 月，中埃建立面向 21 世纪的战略合作
关系。埃及成为首个与中国建立战略合作关系的阿
拉伯和非洲国家，同时也成为首个与中国建立战略
合作关系的发展中国家，中埃友好合作关系进入新
阶段，迈向新高度，面临良好的机遇和广阔的前景。
进入 21 世纪后，中埃关系步入"跨越式发展"。2003
年至 2007 年，我出任中国驻埃及大使，亲历了这一
历史进程。

2004 年 1 月，正值两国建立战略合作关系五周
年之际，中国国家主席胡锦涛应邀对埃及进行国事访
问，我于在任期间接待了胡主席的这次访问。访问期
间，胡锦涛主席同埃及总统穆巴拉克就中埃关系的发
展进行全面回顾和总结，并共同商讨规划两国战略合
作关系的发展前景，访问进行得非常顺利。

作为访问日程的一部分，1 月 30 日，胡主席访
问了位于开罗的阿盟总部，阿盟秘书长穆萨与 22 个
阿拉伯国家驻阿盟代表等济济一堂，对胡主席的到访

表示欢迎。十多年过去了，至今我依然清晰记得胡主席到达阿盟总部时受到热烈欢迎的那一幕幕场景。

在阿盟总部，胡主席宣布"中国—阿拉伯国家合作论坛"（中阿合作论坛）成立，并阐述了中国愿同阿拉伯国家增进政治关系、密切经贸往来、扩大文化交流、加强在国际事务中的合作、建立中阿新型伙伴关系的政策主张。这一举措搭起了中国与阿拉伯国家集体对话与合作的平台，称得上是中阿关系的一个飞跃。当年 9 月，中阿合作论坛首届部长级会议在开罗阿盟总部举行，中阿合作论坛正式启动。中阿合作论坛的成立是中阿关系史上的一个里程碑，为中阿在各领域的合作开辟了更广阔的领域。我作为驻埃及大使直接参与这一重大历史事件，深感荣幸。

2005 年，我于驻埃及大使任上又同时被任命为中国驻阿盟首任全权代表。除个别历史时期外，埃及对阿盟一直有很强的影响力，阿盟的秘书长一直由埃及人担任，其驻华代表处主任也曾长期是埃及人。因此，长期以来中国在通过埃及带动发展同整个阿拉伯世界的友好关系过程中，阿盟有着举足轻重的作用。

这段时期，在与中东地区国家的合作中，中埃两国共同创造了一个接一个"第一"。2006 年，中埃率先签署《关于深化两国战略合作关系的实施纲

总部设在埃及首都开罗的阿拉伯国家联盟（阿盟）总部（图中白色建筑），远处为开罗塔

要》，两国外交部建立战略对话机制。开罗中国文化中心成为中国在西亚北非地区建立的首家中国文化中心，开罗大学孔子学院也成为中国在北非地区建立的首家孔子学院。同时，埃及还成为第一个受理中国银联信用卡的非洲国家。2008年，中国在西亚北非地区唯一的国家级经贸合作区——中埃苏伊士经贸合作区破土动工，并迅速成为一个引人注目的国际化产业基地。

2005 年 11 月，中国寰球工程公司承建埃及阿卜·萨巴尔化工厂硫酸厂项目合同在开罗签署，中国驻埃及大使吴思科（左三）等出席签署仪式

人文交流　美美与共

　　思想和文化始终在对外交流的过程中扮演着先行者的角色。中华文明和伊斯兰文明作为世界上两个伟大的文明，在上千年的发展历程中，都创造了辉煌灿烂的文化成就，为人类贡献了弥足珍贵的精神财富。对于渴望交流的人们来说，地理上的距离从来都不是问题。伊斯兰教自公元 7 世纪中叶传入中国后在宽容的华夏文化氛围中健康发展。公元 15 世纪，中国航海家郑和也曾远航到过佐法尔、亚丁、麦加、索马里等地，成为传播友谊和知识的使者。

　　在埃及工作期间，我深切感受到了文化交流在

2007 年 5 月，中国驻埃及大使吴思科（前右一）出席中埃石油钻机合作项目奠基仪式

中埃友好交往中的独特作用。2006 年恰逢中埃建交50 周年，中国及时提出关于隆重纪念中埃关系史上这一盛事的建议。为此，双方都举行了隆重的纪念活动。同年 6 月 17 日，国务院总理温家宝访问埃及，把纪念活动推向高潮。访埃期间，温总理与埃及总理纳齐夫共同出席了在尼罗河畔金字塔脚下举办的"手拉手"大型文艺活动，中埃艺术家联袂献艺，共庆半个世纪以来如长城与金字塔一般历久弥坚的中埃友谊不断发展，在中埃两国关系史上又增添了浓墨重彩的一笔。在此期间，我还陪同温家宝总理对为中埃关系作出过突出贡献的政界、新闻界、

教育界人士举行了表彰仪式，其中包括联合国前秘书长加利和埃中友协主席瓦利，温家宝总理为他们颁发了特殊贡献奖的纪念牌。

在埃及当大使，与当地媒体、学校、文化圈交朋友是我工作中很重要的一部分。比如，《金字塔报》董事长换届，我最先去拜会他，赠送介绍中国的材料，第二天报纸上就报道了这则消息；在任期间，我还尽力推动在开罗大学和苏伊士运河大学建立孔子学院，并亲自为学生们讲课。有埃及朋友见我的"曝光率"挺高，就开玩笑说："你要是在埃及参加竞选活动一定能成功，因为你在埃及有很高的知名度，有很多支持你的朋友。"总部设在开罗的亚非作协有表彰为推动文化交流作出突出贡献的大使的机制。2007年我即将离任前，亚非作协主席专门制作了一个非常精美的"模范大使"的奖牌，带着助手送到了我的办公室，他说："你的贡献太特殊了，这个奖一定要给你。"2012年中国对外友好协会举办"中非友好贡献奖"评选活动，面向非洲国家征集候选人。此时距离我离开埃及已经过去了好几年，可是埃中友好协会不忘老朋友，仍推荐我为候选人。

在与埃及朋友的交往中，我深切感受到每个国家和民族都为自己的文化而自豪，彼此之间需要相互了解与欣赏。当今时代，人类面临着许多共同的

2006 年 6 月 17 日，正在埃及进行正式访问的中国国务院总理温家宝在开罗出席中国与埃及建交 50 周年庆祝活动并为埃及友人颁发 "中埃关系 50 周年杰出贡献奖"。这是温家宝向阿拉伯国家联盟前秘书长马吉德颁奖

问题，需要通过广泛的思想文化沟通与合作来寻求答案。而如何进一步发挥思想文化交流的增信释疑作用，不断促进中阿交流，成为摆在我们面前的必答题。正如费孝通先生所说："人美其美，美人以美；美美与共，天下大同。"

全面战略伙伴：中埃关系，更上层楼

2011 年初以来，西亚北非局势动荡，埃及政局

也发生剧变。那几年，我受命担任中国中东问题特使期间，曾频繁访问埃及，了解埃及各界对时局的看法，交流新形势下如何发展中埃关系的想法。总的感受是，中埃关系不仅经受住了时局的考验，而且呈现出不断发展的新势头，政治关系稳中有进，经贸合作不降反升。

塞西总统执政后，中埃关系再次驶入发展快车道。2014 年 12 月塞西访华期间，中国国家主席习近平在北京与他举行会谈。两国元首共同决定，将中埃关系提升为全面战略伙伴关系，成为中埃、中阿关系史上又一重要里程碑。此后 9 个月内，塞西总统再次访华并出席中国人民抗日战争暨世界反法西斯战争胜利 70 周年纪念大会，埃及仪仗官兵也成为参加"9·3"纪念活动天安门阅兵的唯一一支非洲和阿拉伯国家外军方队。埃及还是首个申请加入亚投行的非洲国家，中埃签署了两国产能合作框架协议，中国连续多年成为埃及第一大贸易伙伴。

2016 年伊始，习近平主席对埃及成功进行了历史性访问，这是中国国家元首时隔 12 年首次访埃。访问期间，中埃双方发表了《关于加强两国全面战略伙伴关系的五年实施纲要》，签署了涵盖政治、经济、贸易、文化、新闻等诸多领域的 21 项合作协议，习近平主席还特邀塞西总统以嘉宾国身份出席 G20

杭州峰会。在全面提升中埃两国战略伙伴关系之际，两国领导人还提出 2016 年互为文化年，并共同出席在卢克索神庙举行的中埃文化年开幕式活动。

在中国加快向西开放步伐的同时，埃及也正努力向东看，两国发展战略不谋而合。对中国而言，埃及位于"一带一路"西端交汇地带，拥有独特的区位优势和枢纽地位，并处在大规模经济振兴建设的初期，是推进"一带一路"建设的重要合作对象。对埃及而言，中国拥有雄厚的产能、资本和技术优势，是参与苏伊士运河走廊开发等国家级大型发展项目的优选合作伙伴。展望"一带一路"合作框架下的中埃两国，新苏伊士运河与 21 世纪新海上丝绸之路相辅相成，共同代表了推动这一地区贸易往来和文化交流的支柱性力量。

千年古丝路，今朝新飞跃。建交 60 年来，两国人民始终相互尊重，相互支持，两国在政治、经济、人文、军事和安全等各个领域开展了卓有成效的合作，经受住了国际形势风云变幻的考验，始终保持良好发展势头，成为国家间友好合作的典范。

第三章

友谊篇

和沙特"王爷"们打交道

　　沙特阿拉伯王国是一个地位重要、文化独特的
阿拉伯国家，中国政府十分重视发展同沙特的合作关
系。早在万隆会议上，周恩来总理同当时的沙特阿拉
伯王储、外交大臣费萨尔亲王这位中东地区的风云人
物就进行过长谈。1990年，中沙两国正式建交。

　　2000年至2003年，我作为中国驻沙特大使，在
那里度过了整整三年的时光。尽管在担任驻沙特大
使之前，我也曾经去那里访问过，但是以大使身份
常驻，这还是第一次，因此去之前多少做了一些思
想上的准备。毕竟，在这样一个文化独特的王国里
去同"王爷"们打交道，得十分注意尊重他们的文
化习俗，这样才有可能建立起良好的沟通关系，增
进彼此了解，顺利开展工作，这也成为我工作中一
个很重要的方面。几年里，从和"王爷"们打交道
的一些经历和趣闻中，我真实地感受到了中沙两国
不断加深的友好关系。

　　我在沙特见到的第一位"王爷"是时任第二副
首相兼国防大臣苏尔坦亲王（2005年被选立为王

1955 年，沙特阿拉伯王储、外交大臣费萨尔亲王出席万隆会议

储 ）。2000 年 9 月我刚赴沙特履任的时候，沙特外交大臣费萨尔亲王不巧正在纽约参加联合国大会，因此无法向他递交国书副本。沙特明确规定国书副本必须由外交大臣接受，没有履行递交手续，大使就不便参加外事活动。可是苏尔坦亲王很快就将于 10 月上旬赴中国访问，我希望在这之前能见一下他。

当我把这个想法告诉沙特方面后，他们表示这件事可以灵活处理，于是苏尔坦亲王殿下就成为我履新后见到的第一位亲王。见面后，我和苏尔坦亲王直接用阿拉伯语交谈。一开始，我还比较注意称呼他为"殿下"，可是聊着聊着，随着现场气氛越来越轻松，以往外交场合常用的"阁下"这个称谓就习惯性从我嘴里冒了出来。这时，陪同我一起参加会面的武官就在旁边轻声提醒我，于是我赶忙改口。

这一来，苏尔坦亲王就明白了，于是会心地笑着对我说："都一样，都是一个意思，不用太在意。"第一次同"王爷"打交道，得到了善意和友好的回应，我觉得同"王爷"的距离一下就拉近了。因为有了这一次铺垫，今后再同他们接触，就显得更加轻松自如了。

我与时任内政大臣纳伊夫亲王（2011年被选立为王储）也有多次交往，除了谈双边合作事宜外，还常常谈及文化、宗教、习俗等话题，就像聊家常。有一次去拜会他的时候，沙特方面的礼宾官告知我，纳伊夫亲王接下来还有别的公务，因此最好把见面时间控制在30分钟以内。可是我们一聊起来后非常投机，亲王谈兴很浓，最后大大超出了约定时间。记得有一次纳伊夫亲王给我讲过一个故事：穆罕默德四大接班人之一的奥斯曼在清真寺里常常看到一个年轻人非常虔诚地做礼拜，于是就问他怎么生活。年轻人回答："我有个兄弟打柴、务农，养活我们全家。"奥斯曼听后说："你的兄弟离真主比你近。"说完转身就走了。纳伊夫亲王接着说道："宗教既劝人向善，也劝人勤奋。天天只在形式上做文章，那不叫信仰，而是走偏了。我们应该用这样的典故来教育青年人真正理解宗教。"他还曾对我说："会见其他使节的时候，谈话往往要经过翻译，枯燥无味。可是咱俩一聊起来感觉特别好，所以我愿意跟你聊。"
纳伊夫亲王也很希望了解中国文化，我们常常一聊
就是一两个小时，交流非常默契。现如今，两位王
储虽都已先后故去，但他们为发展中沙两国友谊而
付出巨大努力的那一幕幕生动场景，却始终鲜活地
存在于我的记忆中。

在驻沙特大使任期内，我给自己定了外交工作
的两个重点目标：一是注重同沙特王室的交往，以增
进相互之间的了解和友谊；二是下功夫推动中沙两国
在能源方面的合作。为此，我同时任王储（1982 年
选立）、前国王阿卜杜拉也有一段难忘的交往。那时
候，法赫德国王已经重病在身，实际主政的就是阿
卜杜拉亲王。因此，当时中沙之间大量的顶层外交
工作就是同他打交道。记得有一次，我遵照国内指
示去拜会阿卜杜拉王储，商讨中沙石油合作的相关
事宜。我带着使馆商务参赞和翻译一共三个人前往。
一开始，阿卜杜拉王储一方也带着两名助手，可是
刚刚谈了不过两句话，他就让他的助手退场，然后
也请我让助手离开，只剩我们两人单独交谈。每当
谈及需要马上落实的事宜时，王储就招手让他的办
公厅主任过来交代一句，然后还是我们两人接着谈。
会见结束时，阿卜杜拉王储说："和中国合作，我觉
得放心、踏实，请转告贵国领导人，我们愿意同中

国进行合作。"他接着又说："你看我俩这样交谈多好，像兄弟一样。以后有什么事就直接找我。"

在中沙两国领导人的共同关心下，两国在石油领域的合作不断取得新的进展。在此过程中，我还曾多次拜访沙特石油大臣并到位于沙特东部胡贝尔的阿美石油公司总部参观考察，会见公司高层领导，介绍我国石化产业发展的情况，推介中国石油工程队伍进入沙特，推动沙方参与我的重大石化项目包括储油项目建设。对此，阿卜杜拉王储给予积极响应，明确支持在石油领域与中国的合作。沙方有关官员也表示，沙特作为最大的石油生产国，需要稳定的市场，中国经济长期稳定快速发展也需要稳定的能源供应。因此，两国在这方面具有互补性，可以建立长期战略性合作。应当说，中沙双方都是从战略层面看待能源领域的合作，而坦诚的沟通和彼此的尊重，在推进合作方面的作用至关重要。

近年来，中沙关系有了更加长足的发展。阿卜杜拉国王于 2005 年登基后的首次出访就选择了中国，充分显示了他对发展对华关系的重视。2010 年，我受命担任中东问题特使后曾再次造访沙特，阿卜杜拉国王专门在红海港城吉达接见了我。老朋友见面，彼此都非常高兴，我说："国王陛下这么忙，还能够抽空接见我，我非常感谢。"阿卜杜拉国王听后笑着

2010 年 6 月，在中阿合作论坛研究中心成立暨学术研讨会期间，吴思科特使接受沙特媒体采访

说："你是为沙中关系发展作出过贡献的人，老朋友来了我哪能不见呢。"

2013 年 3 月，我以中东问题特使身份再赴沙特，会见了王储、国防大臣萨勒曼亲王，并向他转达了中国国家领导人对阿卜杜拉国王和萨勒曼王储的亲切问候。我在沙特任大使期间，萨勒曼亲王是利雅得省埃米尔即最高行政长官，对华非常友好，经常会见到访的中国代表团，因此我常有机会见到他。这次萨勒曼任王储后我还是第一次见到他，这也是

2010 年 6 月，中国中东问题特使吴思科访问沙特阿拉伯期间，在红海港口城市吉达会见沙特国王阿卜杜拉

同我打交道的第四位沙特王储。会见中，萨勒曼王储对我说："中国是伟大的国家，我们高度重视发展沙中战略性友好关系，并希望这一关系不断得到提升。"听到这些亲切入耳的话语，联系到我国多年来的外交实践，我感触颇深：发展中国家是我国外交的坚定基础，这一点在任何时候都必须坚定不移。

回忆加利博士

"我作为联合国秘书长坚定地支持中国的和平统一事业"

提到我的中东外交生涯，加利博士总是令我难以忘怀。我最早见到加利博士是在 20 世纪 70 年代后期。那时我在中国驻埃及使馆工作，缘于给大使做翻译，曾多次见到时任埃及外交国务部长的加利。他的渊博学识和对时局的精辟分析，都曾给初涉外交的我留下过深刻印象。当时"十月战争"刚结束不久，中东向何处去正处在一个十字路口。萨达特总统果断决定访问耶路撒冷，在同以色列的关系上作出了艰难的和平选择，中东历史进程也由此发生历史性转折。对于这一抉择，当时的埃及政界曾存在各种不同声音，而加利作为外交国务部长陪同萨达特访问耶路撒冷，用他丰富的国际知识和外交经验，在埃及与以色列之间和平协议的签署过程中扮演了重要角色。

1992 年加利任联合国秘书长之后不久即访华。

1996 年 3 月，时任联合国秘书长加利访华期间，在北京中南海

吴思科大使（右）与加利博士（左）在一起交谈

我国领导人与他会见时，我以外交部亚非司副司长身份陪同。当我国领导人谈及中国台湾问题时，加利当即表示："我是埃及人，对《开罗宣言》还是清楚的，台湾是中国的一部分，《宣言》在这些问题上有明确的规定，我作为联合国秘书长坚定地支持中国的和平统一事业。"说完，双方都会心地笑了。作为第一位来自非洲的联合国秘书长，在冷战结束不久单边主义大行其道的形势下，加利坚持国际公正，注意维护发展中国家的正当权益的态度赢得了许多赞誉，但这也使他失去连任的机会。

我于 2003 年出任驻埃及大使后，曾多次与加利

交谈。有一次谈起他未能连任秘书长一事时，他说
他一点也不后悔，反而感到很自豪，因为坚持了自
己的信念，正所谓"仰不负天俯不负地"。

"中非加强合作不仅有利于中非双方，而且有利于世界"

2004 年 4 月，我前往拜会加利博士，对他当选
埃及全国人权委员会主席表示祝贺。会见中，加利
说，由于各国的历史和国情不同，决定了世界文明
的多样性。各国都在不断探索适合本国发展的道路，
不断进行着改革。世界上不可能有一种适合各国的
民主模式，任何企图从外部施加"民主改革"的做
法都注定要失败。他接着说："中国在包括人权领域
在内的各方面所取得的成就令我钦佩，我希望在不
久的将来访华时会见中国人权机构负责人，探讨双
方在人权领域加强合作，共同为世界人权事业的发
展作出贡献。"

同年 12 月，我以驻埃及大使身份为加利博士举
行了一场迎新年晚宴。晚宴中，加利说："我对中国
有着深厚的感情，从担任联合国秘书长到现在，几乎
每年都要去中国访问，对中国包括人权领域在内各方

加利与埃及友人聚会时合影

面所取得的成就深表钦佩。作为两个发展中大国，埃中在各个方面的合作的潜力巨大、前景广阔。"

　　2006 年 6 月，国务院总理温家宝访埃期间，特别授予加利博士表彰证书，表达了中国政府和人民对他的尊敬和谢意。12 月，我再次前往埃及人权委员会总部，向加利博士祝贺新年，并向他赠送了中方为中埃建交 50 周年而特制的纪念品。加利博士高兴地说："我非常乐见中国国际地位不断提升，祝愿中国在国际事务中发挥越来越大的作用；不久前中非合作论坛北京峰会成功召开，中非加强合作不仅有利于中非双方，而且有利于世界的稳定和发展。"

从联合国秘书长位置上退下之后，加利热心国际智库交流，几乎每年都要应邀来华访问，或出席讲座，或到大学演讲，成为中埃和中阿间友好交往的使者，为很多中国人所熟悉。

加利长期居住巴黎，但他因担任埃及人权委员会主席，还经常回开罗主持会议，并与老友们聚会，我也常常被邀请参加这样的活动。主办方总对我说，这是加利提议邀请的，而且只邀请了中国大使。我深感加利对中国的这份特殊友情。

不同文化之间"情投意合"的秘诀

加利对中国的友好，也源于他对中华文明的热爱和欣赏。中埃两个古老文明是我们经常交谈的话题。加利曾说："在世界四大古老文明中，唯一延绵几千年而不间断的只有中华文明，这是对世界文明的极大贡献，我非常喜爱中国文化。"他认为，中华文明之所以能延续下来，地理位置是重要原因之一。他曾感叹，埃及因为地处三大洲接合部，历史上曾一再被强国入侵和占领，文化也因此遭到摧毁和中断。文化是一个国家的灵魂，维护国家的传统文化太重要了。回想起来，我们每次的交谈总是那么情投意合，这常让

2002 年，南京大学授予加利名誉博士学位

我想起费孝通先生"美人之美"这句名言。

加利任联合国秘书长五年期间，同中国常驻联合国代表李肇星结下了深厚的友谊，成了老朋友。李肇星还亲自把加利所著《耶路撒冷之路》一书翻译成中文，书中真实记录了加利当年陪同埃及总统萨达特访问耶路撒冷时的经历和感受。

加利曾经在南京大学讲过课。他特别为南京大学授予他荣誉博士称号感到自豪，对南大把他的《民主化与全球化》一书译成中文特别高兴。他说，中国是一个正在崛起的大国，伴随着中国经济的快速发展，中国在国际舞台上也正在发挥越来越大的作用，中国在处理国际事务中一直奉行客观和公正的立场，特别是在中东问题上，由于它所坚持的这一独特立场，使中国与阿拉伯国家的关系不断得以加强。

记得在埃及工作期间，我多次与加利一起讨论不同国家的文化交流。我曾对加利说，我在埃及工作期间亲身感受到埃及的古老文明，埃及人民在五六千年前就能创造如此光辉灿烂的文化，这是很神奇的。加利也再次和我谈论了他对中国文化的看法，他说："中国的文明是唯一没有中断传承的文明，因此也最受人钦佩。埃及的法老文化中断了，现在只是博物馆文化，现在真正能够懂法老时期文字的人已经很少了；法老文明衰败以后，建立了亚历山大为首都的马其顿帝国，后又被罗马帝国统治几百年，然后又中断了；阿拉伯帝国形成之后，从阿拉伯半岛打到埃及，所以到目前为止阿拉伯文化在埃及占主导地位，而法老文化最后还是通过希腊文才得以破译。两河流域的文化也存在这样的问题，尽管曾经在历史上作出过杰出贡献，但是最后还是被阿拉伯文化所取代。只有中国的文化能够一脉相承，我对此表示钦佩。"

接着他又说，埃及文明之所以没有传承下去很重要的一个原因就是地理位置。埃及处于亚欧非三大洲的交汇处，历史上任何一个帝国强盛之后，都要到此"光顾"，导致对文化的破坏和更替。而中国东邻太平洋，背靠喜马拉雅山，外部强国很难侵入。我听后对他说，您的分析有道理，当然中华文明之所以没有断链，最重要的还是自身的凝聚力。中国也出现过外来文化入侵的情况，但是传统文明总能

1994 年 9 月，加利访问上海浦东新区

将其融合，并在这一过程中不断完善自身。

　　这么多年来，我和加利博士之间的谈话总是那么投机，就像人们经常说的，不同文化的人在一起，首先是"各美其美"，即为本民族文化而感到自豪；其次是"美人之美"，即也要欣赏别国的文化；然后就是"美美与共"，即达到相互交融这样一个效果。所以我们现在提出的不同文明的相互对话，加强交流也是以此为基础的。任何一种文化经过几千年发展，并且保存下来，肯定有其自身特点和优势，在取人所长的同时保护自身的文化，这是当今世界共同面临的一个主题。

我最后一次见到加利博士是在 2014 年 12 月，当时我作为中国人民外交学会代表出席埃及外交委员会年会。那时，92 岁高龄的加利博士行动已经不便，拄着拐杖出席年会开幕式。我走上前去问候，并自我介绍，加利马上打断我的话说，"你是前任中国大使，我们是老朋友了！"一句话让我深为感动。尽管年事已高，加利在开幕式上的发言仍给人一种气势恢弘的感觉，他对埃及的转型发展充满信心，同时也表达了对世界和平发展前景的极大关注。

2016 年 1 月 20 日，中国国家主席习近平在访问埃及和阿盟总部时，亲切会见了包括加利在内的十名获得"中国阿拉伯友好杰出贡献奖"的友好人士。其间，习近平主席还与加利进行了亲切的交谈，其情其景令人感动。我相信，中国人民会深深铭记这位老朋友。

中国
故事

第四章

和谐篇

风物长宜放眼量
——叙利亚困局中的中国外交创新

　　从 2010 年底开始的中东大变局，至今已持续数年。随着突尼斯、埃及、利比亚、也门等四国政权更替，以及叙利亚政府与反对派的冲突愈演愈烈，这场大变局目前已在 20 多个国家内部引发了不同程度的动荡和变革，范围几乎波及整个中东地区。中东大变局的内因是保守僵化思想和体制所导致的发展乏力和长期社会矛盾的积累；外因则是西方国家在金融危机后因急于摆脱颓势而推行的"新干涉主义"。

　　所谓"新干涉主义"，指在当前的国际环境下出现的一种以人道主义和捍卫西方共同价值观为借口，以武力干涉别国内政为手段，以推行霸权主义和构筑有利于西方的国际关系新秩序为目的的思潮和模式。就"新干涉主义"在中东地区的表现而言，一方面，"9·11"事件爆发前后，西方在这个地区极力推行"大中东计划"，对当地民众进行"民主改造"，利用新媒体鼓动年轻人群走向街头；另一方面，2008 年金融危机发生后，一向被奉为圭臬的自由经济理念和体制受到质疑，西方世界一度感到十分迷茫，中东大变局则被认为是扭转其自身颓势的好机会。于是他们急于按照自己的意志重塑阿拉伯国家秩序，以此显示对世界局势的掌控能力，对利比亚问题的解决就是这样一个典型"样板"：安理会通过的设置禁飞区的决议被滥用，阿拉伯国家之间内部矛盾也被利用。到了叙利亚问题上，西方仍然想沿用对利比亚的做法，企图利用安理会决议干预叙利亚内政，改变叙利亚政权，但中、俄在此问题上连续三次使用否决权，阻止了"新干涉主义"的泛滥。

尽管中国在联合国投反对票的举动曾遭到一些阿拉伯国家和部分政治力量的误解，但中国在叙利亚问题上始终坚持"不干涉内政"的原则和政治解决的主张。自叙利亚危机开始至今，中国一直强调要从叙利亚人民的利益角度来考虑问题的解决。中国支持"阿拉伯国家联盟"（阿盟）在解决叙危机中发挥积极作用，强调只要是叙利亚人民自己通过协商作出的决定，中国都会支持。随着局势的变化，各方逐步认识到只有政治解决才符合彼此利益，原先误解中国的阿拉伯国家和政治派别也相继改变看法，转而希望中国在其中发挥更大作用。

中东大变革开始以后，当地情况发生了巨大变化，政治多元化、社会多元化进程加快，环境更加

2009 年 6 月，中国中东问题特使吴思科（左）在叙利亚首都大马士革会见叙利亚外交部长穆阿利姆

复杂多变。这种情况下，就不能再沿用过去只同当局打交道的政策，而是需要同各政治派别进行广泛接触。因此，利比亚危机发生后，中国曾在班加西同反对派进行过接触。此后在叙利亚，我们也同反对派进行接触，力促停火止暴，开启政治谈判，使人们的意愿得到尊重和实施。这种做法，应当说是一个显著的外交创新。

我作为中国中东问题特使，在叙利亚局势发生动荡之后曾几次受命赴叙，同叙政府和反对派接触联系。我曾分别会见了叙利亚反对派组织"叙利亚全国民主变革力量民族协调机构"总协调员哈桑·阿

卜杜拉—阿济姆和"变革和解放人民阵线"领导人
格德里·贾米勒。阿济姆是一位律师，当时已年近
八旬。他曾七次被政府投入监狱，但仍然坚持社会
变革的政治诉求，同时他也反对外国干涉，尤其是
军事干涉。因此，他对中国反对外国干涉的立场非
常赞赏，认为中国在安理会投下否决票的举动恰恰
是在维护叙利亚人民的利益。他对我说："我们反对
外来军事干涉，因为这不符合叙利亚人民利益。外
来军事干涉，地上来的是什么样，我们看到了；天上
来的是什么样，我们也看到了。"我明白，他所说的
"地上来的"，是指阿富汗和伊拉克；"天上来的"则
是指利比亚，这已经成了外来干涉的反面教材。贾
米勒又说："我们靠自己的力量实现变革，可能需要
的时间长一些，甚至要十年二十年，但却能避免社
会的撕裂，对人民、国家造成损失会少很多，后遗
症也会小很多。"我想，这些话应当是他们在总结了
外来干涉给伊拉克、利比亚等国家和人民所造成的
惨痛损失后的肺腑之言。后来，我曾在很多场合引
用过他们的话。

除此之外，我还曾前往巴林首都麦纳麦和土
耳其的伊斯坦布尔与叙主要反对派"全国联盟"领
导人会面，劝和促谈。和境内反对派组织相比，叙
利亚境外反对派组织的表现更加激烈，局面也更加

2011 年 10 月，中国中东问题特使吴思科访问叙利亚期间，会见叙副总统沙雷，重点就当前叙利亚局势深入交换意见

纷纭复杂，有多达数百个组织和武装派别，彼此还互有介入。在伊斯坦布尔期间，我会见了叙利亚著名反对派组织"全国联盟"副主席、穆斯林兄弟会（穆兄会）副训导师法鲁克·泰富尔。泰富尔首先对中国的古老文明表示赞叹，又对改革开放给中国带来的发展表示钦佩。紧接着，他话锋一转，对我们在联合国使用否决权的做法表示不满。我听出了他话里的情绪，于是以情对情地说："我在叙利亚工作生活过整整四年半的时间，整个国家我都走遍了。这是一个非常美的国家，它的历史、文化给我留下

了深刻的印象。所以，看到它现在战火纷乱的景象，我非常痛心，中国政府、中国老百姓也非常痛心。战乱继续的结果就是人民受苦，没有赢家，这是大家都不愿意看到的。因此，不管是哪个派别，只要对推动停火和谈有帮助，我们都愿意接触、愿意做工作。"听到我这番话，泰富尔的态度开始缓和起来，说："我们也希望能积极发展同中国的关系，希望在未来有机会同中国在各方面取得合作。"说完后还拉着我一起照相。我觉得人确实需要沟通、需要接触、需要去交流。叙利亚"全国联盟"主席杰尔巴到中国访问时讲的一句话给我留下了深刻的印象，他说："我们原来对中国有些疏远，这是我们的战略性错误，我们要加强同中国的沟通，希望中国发挥更重要的作用。"

2012 年 12 月，伦敦战略研究中心和巴林政府在麦纳麦举办了"叙利亚危机和中东安全"对话会。我发言后，叙利亚"全国联盟"代表团一名成员走上讲台主动和我握手打招呼，称中国的主张是"公允、睿智的"，发出了愿意同中国建立联系的信号。在 2013 年 12 月举行的第二次对话会上，"全国联盟"的负责人主动要求见我，明确表示愿意同中国建立联系，希望中国在解决叙危机方面发挥更大作用。

GLOBAL VIEWS ON SYRIA

2012 年 12 月 7 日，中国中东问题特使吴思科（右一）出席第八届麦纳麦对话会，并就叙利亚问题等发表主旨讲话

2013 年 4 月，我去海湾国家沙特、巴林、卡塔尔访问，就叙利亚问题与三国领导人以及"海湾阿拉伯国家合作委员会"（海合会）秘书处深入交换看法，在支持政治解决方面取得广泛一致，求同存异成为共识。卡塔尔首相兼外交大臣哈马德见面时对我说："我们的一致点很多，朋友之间有时也会有某些不同看法，但这决不会影响我们之间的友谊与合作。"

一个外交政策需要一定的时间来检验。现在我们经常讲大国要有自信，这一点很重要。2011—2012年，中国就叙利亚问题决议在联合国连续使用三次

2014年1月，中国中东问题特使吴思科（右一）在科威特城出席叙利亚人道问题第二次认捐大会并发言，呼吁叙政府和反对派及有关各方共同努力，担负起改善叙人道局势的责任

否决权后，来自西方国家的压力铺天盖地，我国驻外工作人员更是亲身感受到了这种巨大的压力。记得当时曾有一位驻外记者对我说："既然俄罗斯已经使用否决权了，我们干吗还要否决？弄一个弃权不就行了嘛。"我对他说："如果弃权，那么在叙利亚问题上，人家都是站着说话，我们就只能蹲着说话；使用否决权，我们就能站着说话，别人甚至还要抬头看我们说话。所以尽管现在有一时的压力，但从长远来看，一定对中国的国际影响力和国家形象的提升有利，有一天你会感受到这一点的。"

应当说，自中东大变局以来，中国在这一地区的外交政策经历了一个从被动应对到主动面对的过程，其中不乏外交创新。最开始，我们从埃及、利比亚撤回人员，尽管展现了国力，但毕竟还是在被动应对。此后，我们迅速转入"如何从长远眼光去面对世界上发生的变化"这一更加深刻的思考，由此调整我们外交政策的顶层设计，提出"不干涉内政不等于没有作为"等外交方面的创新言行，使中国外交的国际形象越来越从容不迫，充满活力和"正能量"。参与叙利亚问题解决就是其中的一个典型例子。

2011 年，中国海军派出护卫舰协助从利比亚撤侨

北京欢迎你——将巴以两个"老对头"请进来"劝谈促和"

近年来，尽管中东地区许多地方的局势都出现动荡，但巴勒斯坦问题仍然是该地区具有全局性影响的一个热点。甚至可以说，中东之所以现在发生这样一场巨大的变革，巴勒斯坦问题久拖不决是其中的重要诱因之一。在巴勒斯坦问题上长期以来积压的民族屈辱感，加剧了众多阿拉伯民众对当局的强烈不满。

2012 年 2 月，我在伦敦同中东问题"四方机制"（联合国、欧盟、美国、俄罗斯）特使、英国前首相布莱尔会面时，提出巴勒斯坦问题仍是中东问题的核心，可以说牵一发而动全身，这一点在此后不久发生的加沙暴力冲突事件中得到了印证。此外，我们在巴勒斯坦问题上所高举的道义旗帜也是站得住脚的。因此，我们始终没有放弃对巴勒斯坦问题的关注和推动该问题的解决，而这也为中国中东外交赢得了主动权。这其中最具代表性的，就是 2013 年 5 月中国先后邀请巴勒斯坦总统阿巴斯和以色列总理

1981 年 10 月 9 日，邓小平会见阿拉法特

内塔尼亚胡访华。巴以两国领导人在一周之内接踵而至，引起了国内外媒体的高度关注。

　　邀请巴以两国领导人访华，反映出新一届国家领导人敢于直面地区热点问题，愿意在推动热点问题解决方面作贡献，体现了一个大国的担当。党的十八大后，新一届中央领导集体提出了两个百年计划的"中国梦"。在国内要研究转型发展，在外交上也必须围绕塑造更好的对外发展环境开展立体式外交，开创中国外交的新局面。这几年中国周边比较"热闹"，怎样才能不跟风起舞，走活有中国特色的全

2009 年 6 月，以色列总统佩雷斯（左）在总统府会见到访的新任中国中东问题特使吴思科

2011 年 8 月 25 日，正在巴勒斯坦访问的中国中东问题特使吴思科会见了巴勒斯坦民族权力机构主席阿巴斯

局外交，党的十八大对此制定了明确的外交方针。

2013 年 3 月习近平主席上任后，首访邻国俄罗斯，同时访问非洲三国，体现了以周边国家和发展中国家为外交基石的战略。"走出去"取得了良好效果，"请进来"也需要精心设计。具体到巴以领导人来访，阿拉伯世界一直都把巴勒斯坦问题作为阿拉伯国家关心的核心问题，而中国一贯支持通过谈判解决巴勒斯坦问题，支持中东和平进程。因此，邀请巴勒斯坦国总统和以色列总理来访正是中国政策立场的具体体现。另一方面，2013 年是《奥斯陆和平协议》签署 20 周年，巴以问题更为各方所高度关注。作为安理会常任理事国，中国也有必要在这一问题上体现大国责任。此外，巴以两国都有发展对华关系的强烈愿望，欢迎和期待中国在中东问题上发挥积极作用，因此对中方的邀请和安排都欣然接受。我想，这既主要得益于中国与巴以两国双边关系的互信，也得益于我们在中东事务上一贯秉持的客观、公正立场。一方面，中国坚定支持巴勒斯坦人民建立独立国家的合法权益和正义斗争；另一方面，也始终理解和尊重以色列的安全关切。应当说，安全问题始终是以色列最大的关切。如何既表示理解和尊重其关切，又顺其自然地推动谈判进行，就成为中国外交在这方面要做的工作。

2012 年 2 月 19 日,正在以色列访问的中国中东问题特使吴思科(左)在耶路撒冷会见了以副总理兼外交部长利伯曼

　　"劝谈促和"是与巴以两国领导人会谈的重要主题之一。2013 年 4 月底,我在赴巴以两国为双方领导人访华作铺垫期间,由于事先的良好沟通,巴以双方都显示了和谈意愿和适度的灵活姿态,为访问奠定了良好的"相向而行"的气氛。在随后北京举行的中巴元首会谈中,习近平主席就解决巴勒斯坦问题提出了"四点倡议":一、应该坚持巴勒斯坦独立建国、巴以两国和平共处这一正确方向;二、应该将谈判作为实现巴以和平的唯一途径;三、应该坚持

"土地换和平"等原则不动摇；四、国际社会应该为
推进和平进程提供重要保障。习主席的四点倡议赢
得了阿拉伯国家的高度认可，也获得了各方的积极
反响。

　　阿巴斯总统在结束访华前会见阿拉伯使节时，
高度评价访华成果并特别提到：从 1964 年中国第一
次接待巴勒斯坦领导人开始，几代中国领导人对支
持巴勒斯坦事业的立场始终坚定不移，中国是巴勒
斯坦和阿拉伯人民的真诚朋友。2012 年在巴勒斯坦

2012 年 2 月 20 日，巴勒斯坦民族权力机构主席阿巴斯会见中国中东问题特使吴思科

2014 年，中国中东问题特使吴思科会见以色列司法部长兼以巴和谈首席代表利夫尼

向联合国申请升格为"观察员国"的过程中，中国作为提案国之一积极投票支持；此次他以巴勒斯坦国总统身份访华时，又享受到国家元首的礼遇。阿巴斯说："只为国家元首鸣放的 21 响礼炮，让巴勒斯坦人觉得非常有尊严和地位，也倍受鼓舞。"

当习主席提出巴勒斯坦问题四点倡议时，以色列总理内塔利亚胡已经抵达上海访问。对犹太人纪念馆的参观给他留下了深刻印象，所以，他到北京和李克强总理会谈时情绪特别高，特别感谢中国在第二次世界大战期间收留、善待几万滞留上海的犹太人，认为中国人的友好将让犹太人世代难忘。同时他也感慨，继 1998 年访华后，15 年间中国的变化实在太快，说："中国和以色列都会有美好的前景！"

会谈的另一个主题是中巴、中以之间的双边经贸合作，也进行得非常务实有效。在中巴合作之间，巴勒斯坦正在为建国积极储备经济基础，愿意同中方展开多样合作并希望更多中国公司赴约旦河两岸考察、投资。特别是在太阳能和矿产方面，巴方愿意提供便利；中方也愿在培训巴方人员和增加留学生名额方面尽量满足巴方诉求。在中以合作领域，双方也下了功夫。以方在农业、节水技术、奶牛养殖、医疗等领域有较高的技术和比较先进的管理经验，双方深入探讨了互利合作的途径。

因此，这次促成巴以领导人访华，不仅有望重启和平谈判，推动热点问题的解决，也显示出中国新一届领导人敢于直面棘手问题，实实在在推动与各方合作，实现互利共赢的勇气和智慧。接下来，中方在巴以之间继续"劝和促谈"。2013 年底，中国外长王毅出访巴以两国；2014 年 3 月，我以特使身份再访巴以两国，继续促和；4 月，习近平主席在与到访的以色列总统佩雷斯举行会谈中，再次提到推进以巴和谈的紧迫性。当然，冰冻三尺非一日之寒。巴以双方差距很大，解决双方问题需要不断努力，积跬步以至千里。

中国特使在行动：
支持伊拉克抗击"伊斯兰国"

2014年盛夏，中东的局势也像那里的天气一样炎热。盘踞在伊拉克和叙利亚边界大片区域的伊斯兰极端组织异军突起，攻城略地，于6月下旬攻占伊拉克第二大城市曼苏尔，29日宣布成立"伊斯兰国"，并宣称要向首都巴格达进军；极端组织首领巴格达迪还自立为"哈里发"，要求全世界穆斯林向他"效忠"，这些引起了国际社会的广泛关注。为了表示中国政府对伊拉克政府抗击"伊斯兰国"极端组织的支持，我作为特使奉命于7月初赴伊拉克访问。

7月7日，飞抵巴格达。20世纪70年代我曾在这里学习和工作过，但这次的感觉已是沧海巨变。刚下飞机，伊方全副武装的警卫人员就把我团团围住。到了机场接待厅，中国驻伊大使王勇已在那里迎候，几名武警战士陪同左右，不免让人感到现场的气氛有些紧张。我在警卫人员的簇拥下乘上防弹车，前后警卫车上的武装护卫人员端着冲锋枪，仿佛如临大敌。经过数道检查站后，我们终于抵达

在巴格达机场与前来护卫的中国武警战士合影

"绿区"——伊拉克政府部门和留驻伊外国大使馆的特区。尽管"绿区"在战乱中的巴格达相对安全，但各个部门之间也有装甲车把守，对安全问题不敢有丝毫松懈。这早已不是我曾经熟悉的巴格达。

当天，伊拉克总理马利基在总理府会见了我。我首先说明来意，表示中国政府和人民坚定支持伊拉克政府为维护国家主权、独立和打击恐怖主义所作的努力，希望伊各派进一步加强团结，凝聚共识，尽快组建能包容、代表各政治力量的新政府。我特别强调，伊拉克的稳定关系到整个中东地区乃至全世界的和平、稳定，为此中方呼吁国际社会对伊拉

2014 年 7 月 7 日，吴大使会见伊拉克总理马利基

克提供更多支持和帮助。中方则将继续在政治、道
义和物质上向伊方提供坚定支持，同时希望伊方采
取切实举措，确保在伊中国企业和人员的安全。

马利基介绍了伊拉克当前形势后表示，中国
政府在伊面临巨大困难的情况下派特使来访，体现
了中国对伊拉克的坚定支持。伊拉克和中国是真诚
的朋友，我们感谢中方为维护伊主权、独立所作的
努力，并愿与中方继续加强各方面合作，推动伊中
关系取得新的进展，同时欢迎中方参与伊重建这一
"雪中送炭"的合作，并且将为中资企业人员和财产
提供安全保障。当天我还会见了伊拉克副总理穆特
拉克、外长兹巴里，向他们介绍了中国国家主席习
近平关于中国与阿拉伯国家共建"一带一路"的倡

2014 年 7 月 24 日，吴大使在多哈会见哈马斯政治局主席马沙勒

议，指出这将为中伊两国务实合作开辟更加广阔的前景。

离开伊拉克之后，我接着访问了土耳其和伊朗这两个伊拉克的重要邻国，就共同反对恐怖主义这个人类"公敌"交换意见，探讨加强合作的途径。就在我访问期间，以色列对巴勒斯坦加沙地带发动了代号为"护刃行动"的大规模军事攻势，巴以对抗骤然升级。于是我奉命紧急从德黑兰转赴以色列、巴勒斯坦、约旦、埃及和卡塔尔访问，为促进以巴尽快停火而进行了一轮紧张斡旋。在卡塔尔首都多哈，我与加沙交战一方哈马斯的最高领导人政治局主席马沙勒进行了深入交谈，晓之以理，动之以情，说服哈马斯接受停火，以谈判解决争端。

![印章：中国故事]

第五章

"一带一路"：中阿共同
复兴的历史机遇

"一带一路"几年来成果盘点

　　2013 年 9、10 月，习近平主席先后提出建设"丝绸之路经济带"和"21 世纪海上丝绸之路"的伟大倡议，迅速得到阿拉伯国家的广泛欢迎和支持。三年时间过去，中阿作为共建"一带一路"的天然合作伙伴，双方合作的步伐更快，整体合作的水平也得到进一步提升，并正在推动中阿两大民族复兴中形成更多交汇。

　　"一带一路"的提出，既是中国在新的历史条件下实行全方位对外开放的重大举措，也是中国面向亚欧乃至非洲大陆提供的最重要公共产品，顺应亚欧和非洲各国人民谋发展、求合作的共同愿望，符合世界发展进步的潮流。几年时间过去了，共建"一带一路"已经取得可喜的收获，为"一带一路"沿线以及更多国家和人民带来新的发展机遇和福祉。

　　中阿合作构建双方"顶层设计"平台，建立了政治战略对话机制。中国同八个阿拉伯国家建立了战略伙伴关系，同六个阿拉伯国家签署了共建"一带一路"协议，七个阿拉伯国家成为亚洲基础设施

投资银行创始成员，务实合作显露活力。

中国是阿拉伯国家第二大贸易伙伴，新签对阿拉伯国家工程承包合同额 464 亿美元；阿拉伯国家建立了两家人民币清算中心，中阿双方成立两个共同投资基金，海湾阿拉伯国家合作委员会重启对华自由贸易区谈判；中阿技术转移中心正式揭牌成立，双方就建立和平利用核能培训中心、清洁能源培训中心、北斗卫星导航系统落地等达成一致。

为促进中东工业化进程，中国正联合阿拉伯国家，共同实施产能对接行动，包括设立 150 亿美元的中东工业化专项贷款，用于同地区国家开展的产能合作、基础设施建设项目，同时向中东国家提供 100 亿美元商业性贷款支持开展产能合作，提供 100 亿美元优惠性质贷款并提高优惠贷款优惠度；同阿联酋、

2014年4月17日，中国驻沙特使馆举办"共建'一带一路'"座谈会，沙特费萨尔国王伊斯兰研究中心秘书长叶海亚、外交学院亚洲研究中心主任法基等专家学者，《利雅得报》《半岛报》《经济报》等沙主流媒体记者及部分阿拉伯国家驻沙使节与会

卡塔尔成立共计 200 亿美元共同投资基金，主要投资中东传统能源、基础设施建设、高端制造业等。

当前，中国对外投资已经进入快车道，阿拉伯国家主权基金实力雄厚，中阿双方正积极探讨更多签署本币互换、相互投资协议，扩大人民币结算业务规模，加快投资便利化进程，引导双方投资基金和社会资金参与"一带一路"重点项目。双方在高新领域合作、培育合作新动力方面有广阔的空间，可以依托已经成立的技术转移、培训中心等，加快高铁、核能、航天、新能源、基因工程等高新技术落地进程，提高中阿务实合作含金量。中阿博览会已在中国银川成功举行两届，成为推动中阿共建"一带一路"的重要平台。

"一带一路"开端良好体现了中国同各方携手努力开拓奋进的初步成果。"一带一路"倡议弘扬东方智慧，把古丝绸之路孕育的和平合作、开放包容、互学互鉴、互利共赢精神与新时代中国倡导的平等互利、合作共赢的新型国际关系理念相互融合衔接，强调与沿线国家共同打造命运共同体和利益共同体，体现了具有中国新时代特色的外交创新思维，同沿线国家一道构建"一带一路"互利合作网络、共创新型合作模式，携手打造"绿色、健康、智力、和平"四大指向的丝绸之路。共建"一带一路"倡议的提出和实施，确实顺应了各国人民谋发展、求合作的共同愿望，符合世界发展进步的潮流，既是中国在新形势下全方位对外开放的重大举措，也为亚欧非大陆整体振兴开创重大机遇，这是中国为世界提供的一项充满东方智慧的共同繁荣发展的方案。

深化合作的关键是要找准"共同兴趣点"

"一带一路"不是中国一家"独奏曲"，而是沿线国家的"大合唱"，所以要坚持共商、共建、共享，践行"正确义利观"，扎实推进务实合作。不同国家情况千差万别，深化合作应有不同的关切与合作重点。因此，推进"一带一路"建设必须找准"共同兴趣点"。

以沙特、埃及、阿尔及利亚等有条件成为"一带一路"建设的重要支点国家为例。就沙特而言，我们应着力做好"一带一路"与沙特"2030愿景"战略对接，利用中方在基建、重化工、制造业和产能优势，提高沙特自主发展能力，为沙工业升级、经济多元化提供支持；扩大航空、航天、和平利用核能、可再生能源等高新技术领域合作。此外，沙方提出愿与中国合作，以陆海并进方式构建以阿拉伯半岛为枢纽，承接中亚、连通欧洲、覆盖非洲的铁路网、港口链的宏大设想，值得关注和深入研究。

埃及具有巨大的发展潜力，中埃双方在苏伊士湾经济区合作方面已取得可喜成就，积累了经验。

2014 年 4 月 17 日，中国驻沙特使馆举办"共建'一带一路'"座谈会。图为与会者在会上发言

埃及在基础建设方面的巨大需求，及其工业化进程和苏伊士运河经济区建设，都为"一带一路"建设提供广阔空间。阿尔及利亚是中国的全面合作伙伴，在阿拉伯和非洲有重要地位和影响，两国的合作具有巨大潜力。此外，还应尽量调动相关大国积极性和主动性，包括考虑与"金砖国家"共同开发阿拉伯世界的可能。

"伊斯兰金融"：广阔天地，大有可为

阿拉伯国家处于伊斯兰世界的核心地位，伊斯兰金融模式在其经济社会活动中作用明显。中阿合作已扩展到经济、贸易、科技等各个领域，但目前的现状是"大经贸、小金融"，这种状况亟待改进。伊斯兰金融是国际金融市场的一支重要力量。据国际货币基金组织、世界银行估计，伊斯兰金融业务已涵盖 70 个国家，2013 年伊斯兰金融资产大约 1.8 万亿美元，2015 年将达 2.8 万亿美元。因此在伊斯兰世界推进"一带一路"中，金融合作大有可为。

例如，争取使人民币成为基础设施投融资主要货币。基础设施投资带有公共产品性质，投资周期长，资金需求量大，相关产业带动性强。亚洲开发银行估计，2010—2020 年期间，亚洲各国基础设施投资合计大约需要 8 万亿美元，每年需 7500 亿美元。中国基建能力强大，储蓄率高，具备成为"一带一路"基础设施融资体系的组织者和重要资金供给者的条件和意愿。因此，在"一带一路"进行基础设施投资时，直接使用人民币投资，鼓励借款国发行

2016 年 9 月 24 日，吴思科大使在北京大学举办的"跨文化交流与文化对话研讨会"上发言

人民币计价债券、工程采购使用人民币支付等，从而避免汇率风险和货币错配风险，对当事各方都有重大利益。

此外，还要善借人民币正式加入国际货币基金组织特别提款权（SDR）货币篮子和启动"人民币跨境支付系统"等东风。一方面，当前中国是海湾能源出口主要对象国，也是海湾地区工程承包、产品出口和技术合作重要对象，具备人民币结算双方贸易的可行性。另一方面，海湾合作委员会（海合会）也正谋求产业多元化，而金融服务业是其最具前景

的非石油部门之一。双方有条件循序渐进扩大双边
或多边本币互换合作。

为此，我们要增加对伊斯兰金融的研究与了解，
弄清现有伊斯兰金融发展状况，包括规模、金融中
心、重要离岸中心等，拓展伊斯兰债券、伊斯兰银
行、投资基金及保险等伊斯兰金融业务，积极探讨
与伊斯兰金融系统融合；要特别重视培养熟悉伊斯兰
金融知识的专家型人才。

中阿携手，推进国际经济秩序改革

　　随着国际力量对比消长变化和全球性挑战日益增多，加强全球治理、推动全球治理体系变革是大势所趋。推动全球治理体系变革符合世界各国特别是发展中国家的共同利益，也需要各国的合作。中国与阿拉伯世界尽管所处位置不同，但都是不合理

参加"中阿博览会"的阿拉伯客商

国际秩序长期不同程度的受害者。双方深化在各领域合作的进程中，携手推进构建更加合理的国际经济秩序，是题中应有之义。

中国与阿拉伯世界素来友好，既无历史过节，也无领土纠纷，中国倡导的"和平共处五项原则"深得阿拉伯和伊斯兰世界支持和认可。目前，中国是联合国安理会五个常任理事国中唯一与该地区所有国家关系友好的大国。近年来，习近平主席提出"正确义利观""亚洲安全观""命运共同体"等一系列新理念，在阿拉伯世界引起积极反响。2016 年 1 月习主席访问阿盟时提出：不找代理人，而是劝和促谈；不搞势力范围，而是推动大家一起加入"一带一路"朋友圈；不谋求填补"真空"，而是编织互利共赢的合作伙伴网络。这"三不政策"迥异于西方长期信奉的"零和思维"和霸权理念，受到阿拉伯民众的广泛欢迎。因此，在中阿共建"一带一路"进程中充分弘扬这种政治"正能量"，有助于以政促经，提升双方合作水平，减轻与"一带一路"沿线国家的"摩擦系数"。党的十八届五中全会提出"创新、协调、绿色、开放、共享"的五大发展理念与"一带一路"倡导的"共商、共建、共享"理念可以实现有机对接，二者都主张"共同富裕"，形成各国平等交往、和谐发展的新秩序，构建"人类命运共同体"。

人文相映，民心相通

　　文化是一个民族的魂脉，也是各民族和人民之间交流的桥梁和纽带。我在阿拉伯国家长期的工作和生活中，对中华文明与伊斯兰文明之间源远流长的友好交往留下很深的印象。在沙特，我与王室成员进行过关于两大文明均倡导包容互尊、交流互鉴的交流；在埃及，我在开罗听过爱资哈尔大学大教长关于伊斯兰教主张中道、反对极端的阐述。我相信，中华文明和伊斯兰文明间的交流互鉴是中阿友好的坚定基石，而如何继承和弘扬"美美与共"的文明互鉴则是彼此共同面临的一个重大课题。

　　2016年1月习近平主席在阿盟总部演讲时指出：中华文明与阿拉伯文明各成体系、各具特色，但都包括有人类发展进步所积淀的共同理念和共同追求，都重视中道平和、忠恕宽容、自我约束等价值观念。我们应该开展文明对话，倡导包容互鉴，一起挖掘民族文化传统中积极处世的共鸣点。然而，近年来中阿间的人文交流虽有明显增加，但与双方的经贸关系发展仍不相匹配，双方的媒体交流合作犹显不足。

加强"民心相通"，就有必要开展多层次、全方位的人文交流，运用各种媒体，特别是发挥"互联网 +"的传播优势，借助各种新媒体助力民心相通；鼓励通过访问学者、项目合作等方式，深入进行国别调研，摆脱对西方二手资料和媒体的过度依赖；增强双方智库交流，增加相互间了解和政策沟通；鼓励相关领域的基础性、应用性和综合性研究。

为实现上述目标，必须重视人才培养，尤其是"国别区域 + 当地语言"的复合型人才培养，为相关研究积蓄后续力量；要用好中阿合作论坛框架下的"中阿文明对话研讨会"、博鳌论坛下的"亚洲文明对话"等现有机制和论坛，加强跨文化交流；同时还要共同防范和反对宗教极端主义和恐怖主义。

中东外交　更看今朝

　　这些年来，在中东往返奔波的外交生涯中，我有一些切实的体会：第一，中东动荡转型变革是个较长时期的过程，但与中东各方均保持良好关系是中国在中东的外交优势；"和平共处五项原则"打下的坚实基础正在不断发力，而改革开放40年来的国力增强，又进一步夯实了这一基础。第二，中东是大国竞争与合作交织的舞台，是中国运筹大国关系、树立负责任大国形象的重要平台；中国在该地区持之以恒地劝和促谈，具有政治、外交等方面的多重优势，有发挥更大作用的基础。第三，中东是"三股势力"的重要源头，中国要打好前沿防御战，构建安全屏障。为此，做好与阿拉伯世界在核心关切和核心利益方面的相互支持至关紧要。第四，中东作为世界能源富集地，是开展能源领域互利合作、保障我可持续发展的战略要地。近年来我国进口原油的数量不断增加，其中50%以上来自中东地区。估计未来五年，我国对进口原油的需求都将不断增长；与之相对，中东的产油国也非常看重中国稳定巨大

吴思科大使向阿拉伯朋友介绍中国文化书籍

的市场。能源合作既保证了双方的战略利益，也构建起我国在这个地区非常坚实的外交基础，成为形成立体外交的优势。可见，中国与该地区各方的互利合作关系有着广阔的前景。

中阿合作论坛创办至今，已经召开了七届部长级会议，带动了中国同阿拉伯国家在各个方面关系的发展，2018 年 7 月，在中国召开的第八届部长级会议又取得丰硕成果。2014 年是中阿合作论坛举办十周年。同年 6 月，在北京召开了第六届部长级会

2010 年 11 月，由扎耶德大学孔子学院主办、阿联酋华侨华人联合会阿布扎比分会协办的中国书法讲座在扎耶德大学举行

2016 年 5 月 12 日，中国外交部长王毅（左）与卡塔尔外交大臣穆罕默德（中）和阿盟秘书长阿拉比在中阿合作论坛第七届部长级会议后共同出席联合记者会，介绍本次论坛成果

议，既为总结过去十年间中国和阿拉伯国家的关系，也为未来长远的中阿关系进行准备和设计。开幕式上，习近平主席在《弘扬丝路精神，深化中阿合作》讲话中指出：通过古老的丝绸之路，中阿人民的祖先走在了古代世界各民族友好交往的前列。当前，中阿都面临实现民族振兴的共同使命和挑战。希望双方弘扬丝绸之路精神，以共建丝绸之路经济带和 21 世纪海上丝绸之路为新机遇新起点，不断深化全面合作、共同发展的中阿战略合作关系。在现场聆听习近平主席的演讲时，我不由得回顾起自己 40 余年的中东外交经历，联系到当前渐入佳境的中阿关系，我深信：中东外交，大有可为；丝路友谊，更看今朝。

潘 飞 整理

图书在版编目（CIP）数据

中国政府中东问题特使讲述："丝路"外交见闻 /
吴思科口述；潘飞整理 . —北京：中国文史出版社，
2017.5

ISBN 978-7-5034-9327-0

Ⅰ . ①中… Ⅱ . ①吴… ②潘… Ⅲ . ①中东问题
Ⅳ . ① D815.4

中国版本图书馆 CIP 数据核字（2018）第 092557 号

责任编辑：杨玉珍

出版发行：中国文史出版社

社　　址：北京市西城区太平桥大街 23 号　　邮编：100811

电　　话：010-66173572　66168268　66192736（发行部）

传　　真：010-66192703

印　　装：北京地大彩印有限公司

经　　销：全国新华书店

开　　本：142x210 1/32

印　　张：3.5　字数：56 千字

版　　次：2019 年 1 月北京第 1 版

印　　次：2019 年 1 月第 1 次印刷

定　　价：33.00 元